MONTALEMBERT

Paris. — Typ. de Gaittet rue Git-le-Cœur, 7

Carey, sc.

MONTALEMBERT

Publié par G. HAVARD.   Imp. de Mangeon, 57 r. S.t Jacq. Paris

LES CONTEMPORAINS

MONTALEMBERT

PAR

EUGÈNE DE MIRECOURT

PARIS

GUSTAVE HAVARD, ÉDITEUR

19, BOULEVARD DE SÉBASTOPOL

rive gauche

1859

MONTALEMBERT.

Une des conséquences de la révolution
de 1830 fut d'imprimer un élan formidable au mouvement anti-chrétien. Dans l'ordre philosophique, un rationalisme bâtard
niait la mission du Christ, et le mélanco-

lique Jouffroy écrivait ce livre qui s'inti
tule : *Comment les dogmes finissent.*

Le septicisme d'en haut se traduisait
en excès et en violences dans les classes
infimes.

On dévastait le Calvaire du Mont-Valé-
rien et l'Archevêché.

Saint-Germain-l'Auxerrois, le vieux
temple catholique, se voyait profané par
l'émeute et livré au pillage. Un chœur de
chiffonniers ivres psalmodiaient au lutrin
la *Parisienne*, et des prostituées demi-
nues faisaient retentir la maison du Seigneur de leurs rauques blasphèmes.

Quant au pouvoir, il laissait faire et
regardait passer.

Sa basse et misérable politique préten-
dait intimider l'Église, en tenant suspen-
due sur elle l'épée de Damoclès des fureurs
populaires.

Aussi pouvait-on craindre que la révolution prochaine, dont on voyait déjà les
nuées s'amonceler au loin, ne vînt recom-
mencer 93, abattre les croix et fermer les
temples.

Il n'en fut rien pourtant.

1848 respecta l'autel et le prêtre.

Les parodies indécentes d'un Châtel,
sectaire ignoble que la monarchie avait
secrètement encouragé, expirèrent sans
écho au milieu du dégoût public.

D'où provenait cette réhabilitation d'une Église victime de tant de calomnies?

Nous croyons que l'honneur doit en être attribué surtout aux voix courageuses qui, durant les dix-huit ans de règne de la bourgeoisie, s'élevèrent à la tribune et dans la presse, pour protester, au nom de la religion du Christ, contre les instincts matériels, contre les doctrines de l'égoïsme, contre le culte de l'or.

Montalembert est au premier rang de ces champions héroïques, appelés à lutter par la parole et l'action pour la foi chrétienne.

A force de talent et à force de courage, ils ont atteint le but qu'ils voulaient atteindre. L'égalité et la liberté devant la loi, ce principe de la France nouvelle, est conquis pour l'Église, et voilà sans contredit leur plus beau titre de gloire aux yeux du présent comme aux yeux de l'avenir.

Charles Forbes [1], comte de Montalembert, est né à Londres, le 15 avril 1810.

Il est fils de Marc-Réné-Aimé-Marie de Montalembert, qui avait émigré, encore enfant, en 1792, et d'Elise Forbes, d'une ancienne famille d'Écosse, dont le père avait fait aux Indes orientales une grande fortune.

La famille de Montalembert est d'une noblesse très-ancienne.

1. Il porte le nom de sa mère, suivant l'usage de l'aristocratie anglaise.

Un de ses membres, André de Montalembert, seigneur d'Essé, se distingua dans les guerres d'Italie, sous Louis XII et sous François Ier.

> La maison Montalembert,
> D'Essé, de Vaux et de Cers,
> Mi-partie angomoisine
> Et mi-partie poitevine,
> Vaillamment a combattu
> Es champ d'honneur et vertu

Voilà ce que rimait, en 1632, un notaire de Bordeaux.

Cent quarante ans plus tard, le célèbre généalogiste Chérin écrivait qu'il n'était point de maison dans le royaume dont les preuves de noblesse fussent plus authentiques.

Le grand-père de Charles, mort à Paris,

en 1800, fut le Vauban de son époque. Il a laissé des livres fort estimés sur l'art des fortifications.

Marc-Réné-Aimé-Marie de Montalembert prit du service dans l'armée anglaise et ne revint en France qu'à la rentrée des rois légitimes.

Sa majesté Louis XVIII le nomma colonel, pair de France et ministre à Stuttgard.

Charles X en fit un ambassadeur à Stockholm.

Orateur excentrique, il donna des preuves d'indépendance à la Chambre haute. Mais son caractère manquait de sérieux et de tenue. C'était, avant tout, un homme de plaisir, grand amateur de folles parties et hantant plus que de raison les coulisses de l'Opéra.

Ses goûts ruineux dérangèrent sa fortune. Il ne laissa que peu de chose à ses enfants.

Madame de Montalembert, très-grande et très-raide Anglaise, aux mouvements saccadés et géométriques, appartenait à la religion protestante. Elle n'eut pas la moindre influence sur la direction des idées religieuses de son fils Charles.

Bientôt nous verrons quel fut le parrain spirituel du jeune comte.

Un de nos correspondants de province, M. Berluc de Perussis, nous affirme que, pendant l'émigration, la première enfance de Charles de Montalembert fut confiée à un ami de sa famille, le vénérable abbé François-Joseph de Monier-Laquarrée, ancien oratorien, originaire de Viens, en Provence.

L'imagination bouillante et le caractère expansif du maître auraient déteint sur le disciple, et formé le côté le plus remarquable du talent oratoire de celui-ci.

« Monsieur le comte de Montalembert, ajoute M. de Perussis, affectionna toujours l'abbé de Monier-Laquarrée. Devenu pair de France, il alla voir une dernière fois, à Viens, son vieil ami, qui mourut en 1838, dans son obscur village, pleuré du grand orateur dont il avait formé la belle intelligence[1]. »

1. Le même correspondant nous signale un fait.

Les parents de Charles, à leur retour en France, le placèrent dans une grande pension de la rue de La Rochefoucauld, dirigée par un Anglais, M. William Duckett.

Il ne savait encore parler que sa langue maternelle. C'était des pieds à la tête un véritable fils d'Albion.

Plus tard, il entra au collége Henri IV, puis à Sainte-Barbe-Nicole, où il acheva sa philosophie, en 1829, avec le plus brillant

assez curieux. Il paraît que la grand'mère du comte Charles rivalisait avec les bas-bleus illustres de son époque, madame de Genlis et autres. M. de Perussis nous affirme qu'il a sous les yeux cinq volumes in-12, imprimés à Londres en 1800, chez Dulau, et qui ont pour titre *Elise Dumesnil*, par Marie de Comarrieu, marquise de Montalembert succès, et où il obtint, au concours, le premier prix de dissertation française.

Il eut pour camarades dans la maison de la rue des Postes [1] : le duc d'Harcourt, — le comte Combarel de Legval, — le marquis de Talhouet, — M. de Sénarmont, le minéralogiste, — Désiré Nisard, — Lemoine-Montigny, directeur du Gymnase, — Adolphe Dumas, — le comte de Chabrillan, — le duc de Caraman, — M. Perrée, — le duc de Guiche, — MM. de Melun, ses collègues aux assemblées de la République, — le général Fleury, aide-de-camp de Napoléon III, — et le comte de Nieuwerkerke.

Son frère, plus jeune que lui de quel-

1. Aujourd'hui collége municipal Rollin.

ques années, est aujourd'hui lieutenant-colonel de cavalerie.

C'est le premier chef d'escadron qui ait crié : *Vive l'Empereur !* aux revues du général Changarnier. Le peu de sympathie du frère aîné pour le système actuel n'empêche pas le frère cadet d'être bien en cour.

Au collége Henri IV, Charles de Montalembert connut un jeune aumônier, dont la parole brûlante enflamma son cœur, et avec lequel il se lia bientôt d'amitié.

Nos lecteurs devinent que nous parlons de l'abbé Lacordaire.

C'est au noble prêtre que revient l'honneur d'avoir acquis à la défense du catholicisme ce ferme et valeureux esprit. Charles se fixa sous la bannière chrétienne au moment où, ses études achevées, les séductions du monde allaient mettre son âme en péril et le jeter dans un milieu qui n'est pas celui où s'ébauchent d'ordinaire les saintes vocations.

Grâce au viatique des bons exemples, il doubla sans naufrage le cap des tempêtes de la jeunesse.

Il comprima par une austérité précoce l'essor des passions, ou, pour mieux dire, il n'en eut qu'une seule, la passion des idées fécondes et généreuses vers lesquelles le portait son pieux Mentor, sous l'égide alors franche d'apostasie de leur maître commun, l'abbé Félicité de Lamennais.

Tous les trois, en 1830, se lancent dans l'arène de la polémique.

Quelques mois après les barricades, le 18 octobre, nous les voyons fonder le journal l'*Avenir*, avec cette épigraphe : *Dieu et liberté.*

Nos publicistes religieux réclament, au nom de la Charte, la liberté d'enseignement, la liberté de conscience, la liberté d'association et même le suffrage universel, dont plus tard l'abbé de Genoude prétendit avoir été le promoteur. Lamennais signale au monde chrétien l'oppression des catholiques sous le régime nouveau, et Lacordaire adresse aux évêques de France les plus pressants appels.

Aus sitôt le parquet s'émeut de cette propagande, qui gagne du terrain chaque jour.

On accuse les rédacteurs de l'*Avenir* de provocation à la désobéissance aux lois et d'excitation à la haine et au mépris du gouvernement de Juillet.

Lamennais et Lacordaire sont traînés en cour d'assises ; mais le jury les acquitte aux applaudissements d'une foule immense, accourue de tous les coins de Paris pour assister au procès.

Pendant cette première lutte, Montalembert se trouvait en province.

Elu membre du conseil de l'*Agence générale pour la défense de la liberté religieuse*, il ranimait dans les départements le courage des catholiques, les excitait, au récit des misères de leurs frères d'Irlande, et popularisait le nom du grand agitateur O'Connell.

Il publia deux brochures, à Lyon, au commencement de l'année 1831.

La première a pour titre : *Association lyonnaise pour la liberté religieuse*; la seconde est une *Lettre sur le catholicisme en Irlande*, qu'il vendit au bénéfice des catholiques irlandais.

Sur les entrefaites, une commission officielle est chargée de préparer la modification des lois et des règlements concernant l'instruction publique.

Charles revient à Paris, et rédige, avec

MM. de Lamennais, Lacordaire et de Coux
une pétition qu'ils adressent à la Chambre
haute. Le débat sur cette requête s'engage,
le 8 mai, au Luxembourg, et M. de Montalembert père prête son appui à ceux qui
l'ont signée.

Pour toute prise en considération, la
Chambre prononce le renvoi au ministre.

Or, ne se souciant pas de voir le principe
pour lequel ils combattent délaissé dans
les oubliettes administratives, les rédacteurs
de l'*Avenir* se décident à attaquer de front
le privilége.

Un local assez vaste est loué rue des
Beaux-Arts, n° 3; et le préfet de la Seine
reçoit en même temps notification de l'ou-

verture d'une école gratuite d'externes sans autorisation de l'Université.

- Ce coup d'audace n'avait pas eu jusque-là d'exemple.

Il était impossible de déclarer plus courageusement la guerre à l'*État enseignant*, à ce système bâtard et oppressif d'éducation, incompatible avec la liberté de conscience, et qui déniait aux pères le droit naturel de garder l'âme de leurs enfants, aux chrétiens celui de faire entendre la parole sainte.

Le matin du 9 mai, l'abbé Lacordaire ouvre l'école. Beaucoup de familles ont amené là de jeunes élèves et l'assistance est nombreuse.

Soudain paraît un commissaire de police qui s'écrie :

— Au nom de la loi, retirez-vous!

— Au nom de l'autorité paternelle que vos parents m'ont transmise, dit Lacordaire, je vous ordonne de rester!

Déjà nous avons reproduit cette scène curieuse dans la biographie de l'illustre dominicain [1].

Nous y renvoyons nos lecteurs.

Après avoir vu les sergents de ville fermer l'école de la rue des Beaux-Arts, MM. Lacordaire, de Montalembert et de Coux furent cités devant le tribunal de police correctionnelle.

1. Pages 45 et 46.

Ceci n'avait pas été prévu.

L'affaire, à leur sens, devait être portée devant la cour d'assises, où ils espéraient obtenir du jury un verdict d'acquittement, dont ils se seraient armés pour une nouvelle résistance.

Voulant échapper à cette massue de la police correctiennelle, qui frappe en aveugle avec la lettre de la loi, sans en rechercher l'esprit, et cloue les écrivains sous une tombe, ils se rendirent chez un jeune avocat, M. Léon Cornudet, ancien camarade de Charles de Montalembert à Sainte-Barbe-Nicolle; ils le prièrent de rédiger une consultation sur la liberté d'enseignement.

Cette consultation déclinait la compétence du tribunal correctionnel.

Signée au commencement de juin, par les principaux membres de l'Ordre et approuvée par tous les barreaux de France, elle fut répandue à Paris et en province.

L'exception fut admise; mais la cour d'appel retint l'affaire et la renvoya au 28 du même mois, pour plaider au fond.

C'en était fait de cette courageuse résistance contre un despotisme inqualifiable, lorsque, le 24 juin, quelques mois avant l'abolition définitive de l'hérédité de la pairie, le comte de Montalembert, père de Charles, tomba malade et mourut.

Le jeune publiciste se trouva soudain investi des prérogatives attachées à la dignité de pair de France. Il ne pouvait plus être jugé qu'au Luxembourg, et ses co-accusés devaient naturellement le suivre à la barre de la Chambre haute.

Qu'importe désormais la condamnation?

La plainte est sûre d'être entendue, et le procès aura de l'écho d'un bout de l'Europe à l'autre.

Eu égard au deuil de Charles, on attendit quatre mois pour évoquer l'affaire. Les débats s'ouvrirent le 19 septembre, et le dernier pair, par droit de naissance, fit ses débuts d'orateur dans le rôle d'accusé.

— Votre nom? dit le président.

— Charles, comte de Montalembert, pair de France.

— Votre âge?

— Vingt et un an.

— Votre profession?

— Maître d'école.

Dès les premiers mots qu'il prononce pour sa défense, le maître d'école fait preuve d'un talent oratoire aussi vif qu'audacieux.

— La seule pensée de l'infaillibilité du pape, s'écrie-t-il, vous fait lever les épaules de pitié, et vous nous avez dotés de l'infaillibilité du Conseil royal de l'instruction publique! Quand les hommes passent si vite et les institutions plus vite encore que les hommes, c'est dans cette enceinte qui a vu naître et mourir tant de pouvoirs, non-seulement divers, mais opposés, mais ennemis les uns des autres, c'est ici qu'on viendra nous dire de réduire l'éternité de nos croyances à la durée de ces fantômes éphémères? En vérité, ce serait renouveler l'horrible supplice des anciens; ce serait attacher la vie de nos cœurs, une vie éternelle, à un cadavre!

Il est permis de le répéter, celui qui faisait une peinture si saisissante des hommes et des choses n'avait que vingt et un ans.

Après lui, l'abbé Lacordaire prononce une philippique retentissante et passionnée contre le procureur-général Persil, qui demandait naguère, en vertu d'un principe écrit dans la Charte, la tête de quatre ministres.

La noble Chambre condamne MM. de Montalembert, Lacordaire et de Coux à *cent francs* d'amende.

On a voulu voir dans cette amende mi-nime une marque d'indulgence.

C'est une erreur. Le chiffre de la con-damnation se trouvait fixé déjà par la Cour d'appel; car, — nous avions omis de le dire, — la Cour s'était crue autorisée à juger par défaut, nonobstant le décès du vieux comte.

Voulant obtenir à tout prix une condam-nation, le parquet insinua que Charles pourrait bien ne pas être le fils ainé de son père, et la raison parut concluante. Les objections de la haine ont toujours leur effet sur les esprits prévenus.

On parla peu de ce procès dans les jour-naux.

Séduits par le pouvoir ou occupés d'autres querelles, messieurs les publicistes négligèrent ces curieux débats.

Mais les esprits clairvoyants ne s'y trompèrent pas.

Une défaite qui comptait de tels vaincus devait tôt ou tard amener un triomphe.

Par malheur, l'*Avenir* se perdait dans une multitude de questions. Ce journal, emporté par un zèle qu'on n'a pas eu tort d'accuser d'intempérance, attaquait et flagellait à la fois tous les abus sociaux.

Les évêques prennent l'alarme. Avertissements et réclamations arrivent de toutes parts aux belliqueux rédacteurs.

Ils suspendent leur publication et partent pour Rome en pèlerins.

La France ne les y suivit même pas des yeux. Pour l'instant elle se pâmait d'aise devant les exercices, les tours de force et les sauts de carpe de saltimbanques d'une nouvelle espèce, qu'on appelait Saint-Simoniens.

Montalembert, de Coux, Lacordaire et Lamennais, après avoir obtenu audience du pape, reviennent de la capitale du monde catholique, pleins de tristesse, mais résignés. Ils trouvent, à leur retour en France, une lettre encyclique de Grégoire XVI, qui, sans prononcer leur nom, condamne leurs doctrines.

L'*Avenir* ne reparaît plus.

Dans sa sollicitude pour les malheurs ré-

cents de la Pologne, Charles de Montal-
bert traduit, à cette époque, le livre des
Pèlerins polonais, d'Adam Michiewicz.

Cette inspiration, pleine d'une religieuse
et sombre violence, et accentuée d'une
couleur toute biblique, enflamme Lamennais, qui commence à buriner ses *Paroles
d'un Croyant*.

Le livre de Montalembert fait éclater
l'orage. On met à l'index les *Pèlerins polonais*.

« Puisque le vin est tiré, il faut le boire ! » écrit l'obstiné Breton à son jeune
disciple.

Mais le disciple s'éloigne du maître, fait
sa soumission à l'Église et s'enfuit en Allemagne.

Il est difficile de trouver, aujourd'hui, un exemplaire de cette traduction des *Pèlerins polonais*, car l'auteur a racheté presque toute l'édition. Si vous demandez l'ouvrage à la Bibliothèque impériale, on vous dit qu'il est absent. Peut-être même ne sait-on pas ce qu'il est devenu. Au cabinet de lecture le plus complet de Paris, la vieille madame Cardinal vous répondra:

— Monsieur de Montalembert m'a priée de ne pas louer le seul exemplaire que je possède.

Le comte Charles passe en Allemagne les années 1833 et 1834.

Pendant son séjour dans la ville de Marbourg, une touchante légende le séduit, le domine, s'empare invinciblement de ses pensées, et il se dispose à écrire l'histoire de la *chère sainte Elisabeth de Hongrie*, patronne d'une sœur morte à la fleur de l'âge et tendrement aimée.

Notre pieux écrivain compulse, cherche, fouille les bibliothèques allemandes dans leurs plus secrètes profondeurs, et, revenu en France, il imprime la vie de la sainte, précédée d'une introduction historique aussi remarquable que savante.

Charles entrait dans sa vingt-cinquième année.

Il put siéger à la Chambre des pairs, avec voix délibérative, et prêta serment, le 14 mai 1835.

Dès lors il se trouva mêlé à toutes les luttes du pays.

Entré dans l'arène sans préoccupations politiques, et, disons-le, admettant dans leur plénitude les mouvements populaires, son opposition fut celle d'un homme franc, loyal, désintéressé dans les querelles de partis, dédaigneux du pouvoir, applaudissant de grand cœur aux bonnes mesures, mais stigmatisant avec une impitoyable indépendance tout ce qui froissait sa foi dans le catholicisme et dans la liberté.

Comme orateur, il savait tout oser, sans que sa parole élégante parût jamais celle d'un envieux ou celle d'un agitateur.

A lui seul il était l'enthousiasme, l'indépendance et la jeunesse de ce vieux Luxem-

bourg, dont le marquis de Boissy n'était
que l'enfant terrible.

L'éloquence militante de l'ancien élève
de Sainte-Barbe-Nicolle procédait de la
logique la plus serrée et n'avait rien de ce
parlage du barreau, trop en honneur, de
nos jours, dans les assemblées politiques.

Elle transportait comme la Foi, sans
faire une chaire chrétienne de la tribune.

Agressive, mordante, acerbe et person-
nelle, jamais elle ne cessait d'être, dans sa
bouche, soit pour l'attaque, soit pour la
défense, une arme courtoise de gentil-
homme.

Voici comment Sainte-Beuve caractérise les facultés oratoires de notre héros.

« Sobre de gestes, M. de Montalembert arrive aux effets, sans grands efforts, comme par suite d'un développement continu. Outre sa parfaite aisance à la tribune, il a la voix, une voix d'un courant pur et d'une longue haleine, d'un timbre net et clair, d'un accent distinct et vibrant, très-propre à marquer les intentions généreuses ou ironiques du discours. On croirait sentir dans sa voix, à travers la douceur apparente, une certaine accentuation montante qui ne messied pas, qui fait tomber certaines paroles de plus haut et les fait porter plus loin. Jamais, sous prétexte d'avoir mis son humilité une fois pour toutes aux pieds du Saint-Siège, un jeune talent d'orateur ne s'est passé plus en sûreté de conscience ses facultés altières, piquantes et ironiques. »

La discussion des lois de septembre offrit à Montalembert l'occasion de remporter un premier triomphe de tribune.

Il conjura le gouvernement de ne point déclarer aux intelligences une guerre aveugle et fatale.

— Vous promettez un talent consciencieux, mais vous n'avez point l'expérience des choses, lui répondit dédaigneusement M. de Saint-Aulaire.

— Et vous, répondit le comte, vous, hommes publics, vous nous faites regretter chez vous l'absence de ces principes supérieurs, sacrés, immortels, sans lesquels il n'est point de véritable grandeur pour les individus comme pour les peuples!

Plus tard nous le voyons combattre avec énergie l'iniquité flagrante des dépenses somptuaires et administratives.

Il flétrit les résultats de l'industrie casernée, de cette industrie des filatures et des usines qui arrache le pauvre, sa femme et ses enfants aux habitude de la famille, aux bienfaits de la vie des champs, pour les parquer dans des réduits malsains, dans d'obscurs ateliers où tous les âges, tous les sexes sont condamnés à une dégradation systématique et progressive.

Le comte Charles a constamment défendu les lettres et les arts contre le vandalisme bourgeois et officiel.

C'est lui qui a ouvert la lutte contre cet envahissement du plat, du laid, du monotone, qui mettait en coupe réglée les souvenirs de notre histoire et qui défrichait les monuments plantés sur le sol de la patrie par la forte main de nos aïeux.

Grâce à son initiative, à ses brochures, à ses discours à la Chambre des pairs ou dans les congrès archéologiques, la France lui doit la conservation de plusieurs de ses merveilles.

Il fit un rapport pour la restauration de Notre-Dame et signala, quelque temps après, la ruine de la façade de l'église de Saint-Denis, « cette église dégradée, avilie, et rendue méconnaissable moyennant la bagatelle de sept millions. »

Mais par dessus tout, l'orateur consacra

sa vie parlementaire à la liberté de l'enseignement.

Cet interminable conflit forme l'épisode le plus caractéristique et le plus grave du règne de Louis-Philippe, ce roi Voltairien, qui s'opposait au développement de tout ce qui n'était pas égoïsme et corruption.

Du rocher de Madère, où il était allé chercher un climat propice à la santé de sa jeune femme [1], le comte lance, en

1. Il avait épousé mademoiselle de Mérode, sœur de l'héroïque défenseur de la liberté belge. Sa femme lui apporta une fortune immense. La famille de Mérode est très-influente en Belgique et dans quelques-unes de nos provinces. Vers 1840, le comte et la comtesse de Montalembert étaient liés d'une étroite amitié avec M. et madame de Lamartine.

1843, une brochure où il trace aux catho
liques leurs devoirs.

Jusque-là sourde et latente, la lutte s'engage à ciel ouvert et devient générale.

Les évêques par leurs mandements,
l'*Univers* par sa politique alors toute légi-
timiste, et les partisans de la branche aî-
née par leur adhésion lui donnent un développement fougueux.

Toutefois, il y avait quelques dissidents.

La *Gazette de France* du 29 août 1845
imprimait la diatribe suivante, due à la
plume burlesque de M. Madrolle:

« Vous représentez, ou plutôt je ne
crains pas de le dire, monsieur et cher

comte, vous *paraissez*. représenter seulement.le clergé, que vous compromettriez, s'il pouvait être compromis par d'autres que par lui-même. Et, comme la Providence de la France ne lui permet jamais un ennemi, qu'elle ne lui suscite un défenseur (saluez ici dans la personne de M. Madrollé l'organe de la Providence!), c'est vous que je dois prendre à partie, que je dois enlever à une *foi fausse*, que je dois défier (peste!) et remettre sur la voie de la foi catholique qui vous est échappée à la suite du grand-maître de votre *université* à vous [1] ; aussi étroite, aussi orgueilleuse, aussi ambitieuse, aussi révolutionnaire, que la partie mauvaise de l'autre

---

1. L'abbé de Lamennais.

est suffisante seulement et pacifique en conséquence. (*Fiat lux !*)

« Le dernier de vos *petits manifestés* étant le plus téméraire, le plus agitateur, je ne m'attache ici qu'à lui, et une minute.

« Il faut le dire il y a *au fond*, au cœur de votre doctrine effroyable dans le christianisme, et surtout dans le catholicisme : 1° la doctrine non-seulement du droit d'insurrection, mais du devoir, mais de la sainteté de l'insurrection, et, ce qui est pire cent fois, la doctrine de l'insurrection non avouée, dissimulée, hypocrite et lâche ; 2° la doctrine du *parjure*.

« Vous sentez bien, après tout, monsieur et cher comte, que je ne justifie pas les *poursuites* jusques en cassation du pauvre et innocent Breton à votre suite, et que je ne *requiers* pas les vôtres. Je serais le premier à vous défendre (excellent M. Madrolle !) à la barre de la justice criminelle, communément inique, comme je vous dénonce à l'Église, exclusivement infaillible, laquelle vous condamnera... car elle vous condamne ! »

En 1850, le même journal déclara que M. de Montalembert *n'était même pas chrétien.*

Parlez-nous du jugement des ultràs et de leur style !

En attendant, M. de Broglie fut chargé de présenter à la Chambre haute un proté de loi sur l'instruction secondaire.

Chose étrange! les révolutions, chez nous, s'étaient faites aux cris de liberté, et les démocrates purs, comme les simples libéraux, repoussaient la liberté d'enseignement, la première de toutes. Ils reconnaissaient à l'Etat, à l'inconnu, à l'être impersonnel, changeant, inconstant, versatile par excellence, le droit souverain de diriger l'éducation de la jeunesse. Ni les uns, ni les autres ne voulaient de la liberté qu'au profit de leurs intérêts.

Montalembert ne demandait pas à voir l'éducation tomber exclusivement aux mains du clergé. Il voulait une éducation libre, large, en même temps que morale et religieuse.

Or, l'existence du monopole en vigueur

froissait les sentiments les plus vulgaires
de la justice.

Sans espoir de succès, mais ne craignant
point la défaite, le comte posa nettement
la question.

Il savait la société menacée, en haut
comme en bas; en haut, par une corruption trop certaine, par la soif du luxe, par
l'ardeur inextinguible des appétits matériels et par l'absence de tout frein moral;
en bas, par une misère de plus en plus
intense, par une dépravation presque uni-
verselle, par des instincts toujours plus
ignobles.

Et quel remède à ces maux terribles?

Quand les fortunes se gagnent en quelques secondes, que devient le respect de la propriété, sa justification par le travail ?

Quand la philosophie supprime la vie future, il n'y a plus que le canon pour contenir les masses avides et brutales, qui poussent la logique jusqu'à réclamer leur part d'égalité dans le bien-être.

O pharisiens ! vous savez cela mieux que nous, ce qui ne vous empêche pas de calomnier la sainte doctrine, seule capable, ici-bas, de consoler le pauvre par la patience et par l'espoir !

Dans une de ses harangues sur la liberté de l'enseignement, M. de Montalembert prononça, un jour, cette phrase sublime :

—Au milieu d'un peuple libre, nous ne

voulons pas être des ilotes! nous sommes
les successeurs des martyrs, et nous ne
tremblons pas devant les successeurs de
Julien l'apostat! *Nous sommes les fils des
Croisés*, et nous ne reculerons pas devant
les fils de Voltaire.

Là-dessus éclate une véritable tempête.

MM. Villemain, Rossi et Guizot, adver-
saires habituels du champion chrétien,
crient au scandale. Ils accusent l'orateur
de vouloir les humilier par sa morgue aris-
tocratique.

Evidemment Montalembert ne faisait pas
le moins du monde allusion à sa noblesse.

Par ces mots: *Nous sommes les fils des
Croisés*, il évoquait le souvenir de l'époque

de foi par excellence, et l'antithèse des *fils dé-Voltaire* le démontre sans réplique.

Du reste, ces orages ne l'intimidaient pas.

Il grandissait de toute la petitesse, de tout le ridicule et de toute la mauvaise-foi de ses antagonistes.

Ce pauvre M. Dupin assistait en amateur à ses propres étrivières.

« De temps à autre, dit le *National* de l'époque, le courage lui montait au front ; l'impatience se lisait dans le jeu de ses muscles, et le jeune pair devait se féliciter que son ennemi fût tenu bouche close, car il eût certainement senti l'empreinte du soulier ferré. »

Le comté ne craignait guère ce soulier proverbial, et les gros yeux du paysan du Danube ne comprimèrent aucun des élans de son éloquence.

M. Guizot, dans l'impossibilité de confondre l'orateur, ne trouva rien de mieux que de l'appeler *anarchiste*, et les petits journaux aux gages de la rue de Jérusalem, semblables à des mirmidons épileptiques, s'évertuaient à lancer contre le géant chrétien leurs flèches inoffensives et leurs épigrammes sans pointe.

« Ce n'est pas un orateur, disaient-ils; en voulez-vous la preuve? Il écrit ses discours et les apprend de mémoire. »

Quel pavé!

En attendant, les évêques, les chapitres

diocésains, tous les catholiques de France s'unissaient dans un concert unanime d'éloges, et acceptaient notre héros comme le représentant officiel des intérêts de la foi.

Tacticien habile, M. de Montalembert essaya de transporter la lutte sur le champ électoral.

Dans un manifeste écrit en 1847, il conseille aux électeurs de préférer un protestant libéral comme M. de Gasparin, et même un juif, à ces catholiques de mauvais aloi qui sortaient de la messe pour aller voter avec MM. Thiers et Dupin l'expulsion de leurs frères.

Poussant la logique jusqu'au bout, il refuse d'appuyer de son vote les réclamations faites contre les cours de MM. Michelet et Quinet, préférant la philosophie qui insulte la vérité catholique à celle qui prétend la défendre en usurpant sa place.

Nous le voyons porter le libéralisme jusqu'à demander la gratuité des inscriptions et des examens dans les Facultés, ce qui n'empêchait pas messieurs les étudiants de l'appeler le *grand sacristain*. Naïve jeunesse, à laquelle on faisait peur en lui parlant des intrigues des jésuites! comme s'il y avait encore des jésuites.

Henri Heine, dont on ne suspectera pas le témoignage, dit là-dessus :

« Ce sont des contes pour de grands marmots, de vains épouvantails, une superstition moderne. Il me semble qu'on a

traité assez souvent les jésuites un peu jé-
suitiquement, et que les calomnies dont
ils se sont rendus coupables leur ont été
restituées avec usure.

« On pourrait appliquer aux pères de la
compagnie de Jésus la parole que Napoléon prononça sur Robespierre : « Ils ont
été exécutés et non pas jugés. »

« Mais le jour viendra où on leur rendra
justice et où on reconnaîtra leurs mérites.
Déjà nous sommes forcés de convenir que,
par l'action de leurs missionnaires, répan-
dus sur tout le globe, ils ont avancé d'une
façon incalculable la moralisation du monde, la civilisation générale; que, de plus,
ils ont été un salutaire contre-poison contre les miasmes délétères de Port-Royal,

et que même leur théorie tant blamée des accommodements a été l'unique moyen de conserver à la foi l'humanité moderne, si désireuse de liberté, si avide de jouissances.

« — Mangez un bœuf et soyez chrétien ! disaient les jésuites au pénitent qui, dans la semaine sainte, avait envie d'un petit morceau de viande. »

Si les catholiques ont péché par des excès, par des personnalités coupables, par des récriminations inutiles, la faute n'en doit pas retomber sur les idées toujours si libérales de M. de Montalembert.

Dans les questions d'honneur politique, l'intrépide soutien de la foi religieuse se montre un fils zélé de la France. Tous les échos de son âme vibrent aux accents du patriotisme et de la gloire nationale.

— Que le gouvernement représentatif, s'écrie-t-il, veille à ce que ce dépôt sacré, l'honneur du pays, que nous avons reçu de nos pères, ne devienne pas moins éclatant et moins précieux que sous la monarchie absolue, autrement la France ne sera plus la France! La dernière goutte du sang de quatre-vingt-douze s'épuisera dans ses veines; elle se noiera dans un océan d'intérêt matériel, elle se plongera jusqu'au cœur dans la betterave et le bitume!

C'est le jésuite Montalembert qui a proféré ces fiévreuses paroles:

Et nunc erudimini!

Lorsque la question d'Orient se dressa menaçante et mystérieuse, en 1840, le comte alla l'étudier sur les lieux mêmes et revint ensuite prendre part à la discussion, éclairé de lumières qui n'avaient point pénétré dans les cervelles obtuses de nos hommes d'État.

Signalant tout ce qu'il y avait de factice dans les réformes de Méhémet-Ali, il montre comment ce dernier prostituait les inventions du génie européen au génie de la barbarie, et mettait en œuvre tous les progrès de la civilisation moderne pour rendre plus lourd, plus accablant, plus universel, le joug du despotisme oriental.

—La question d'Orient, s'écrie Montalembert, sera tôt ou tard le tombeau de la paix!

Au mois d'août 1847, il prononce l'orai-
son funèbre de la session et caractérise
ainsi le système parlementaire :

— De nos jours, le gouvernement de la
France est une espèce de chasse effroyable,
où les ministres sont constamment traqués
par quatre cents députés, avec une certaine quantité de pairs de France ; et ces
quatre cents députés sont à leur tour pour-
suivis, harcelés par dix mille électeurs in-
fatigables et âpres à la curée, qui ne leur
laissent pas un instant de liberté et de
repos.

La révolution grondait déjà.

Tous les esprits doués de clairvoyance
comprenaient que, dans ce formidable
ouragan, le pouvoir resterait debout parce-

qu'il est le premier besoin des sociétés organisées ; mais que la liberté succomberait par la peur que les honnêtes gens auraient des scélérats, et même par la peur que les petits scélérats auraient des grands.

Le 14 janvier 1848, M. de Montalembert excita chez ses collègues une de ces violentes émotions contre lesquels on les croyait garantis. Il fut réellement animé du souffle des prophètes, lorsqu'il débuta par ces mots, eu parlant des affaires de la Suisse :

— Messieurs, c'est un vaincu qui parle à des vaincus !

Dans ce même discours, le pair de France catholique s'écria :

— Voyez-vous ces hommes armés, mon-
tant par ce défilé des Alpes que beaucoup
d'entre vous ont suivi ? Les voilà qui gra-
vissent le sentier escarpé que, pendant
tant de siècles, des milliers de chrétiens,
étrangers, voyageurs, ont foulé pieuse-
ment et avec reconnaissance. Ils vont là
où la République française s'était arrêtée
avec respect, là où le premier Consul Bo-
naparte avait laissé avec sa gloire le souvenir de son intelligente tolérance, là où le
corps de Dessaix a trouvé un tombeau di-
gne de lui. Et que vont-ils y faire ces vain-
queurs sans combat ? Il faut le dire : ils vont
pour voler, oui pour voler le patrimoine
des pauvres, des voyageurs, de ces moines
du Saint-Bernard, que dix siècles ont en-
tourés de leur vénération et de leur amour !

Le *National* fut ému lui-même

Pour la première fois il se montra juste envers l'orateur, auquel il prodiguait ordinairement les gracieuses épithètes de *cafard*, *d'insolent*, *à la colère mêlée de bave et d'eau bénite*.

Montalembert a une figure douce, calme, empreinte d'une sorte de béatitude religieuse, qui l'exposa plus d'une fois aux plaisanteries de MM. les Voltairiens. Ceci nous remémore une anecdote qui se rapporte aux dernières années du règne de Louis-Philippe.

Trois voyageurs revenaient en wagon du camp de Compiègne.

L'un était un homme de trente-six ans,

au visage pâle et régulier, avec de longs cheveux tombant droit, des yeux grands et mélancoliques d'une expression pleine d'aménité et de poésie.

Il lisait un livre de Joseph de Maistre et semblait parfois méditer avec une sorte d'extase.

A côté de lui se trouvait un capitaine de dragons, dont la lèvre supérieure était ornée d'une large moustache noire qu'il relevait en crocs d'un air martial, et, dans l'angle opposé, se tenait vis-à-vis d'eux un tout jeune homme, qui, le lorgnon dans l'œil, regardait le lecteur avec un air très-suspect d'impertinence.

— Voyez donc la bonne tête de jésuite !

murmura-t-il à voix basse en se penchant vers le capitaine, son voisin.

— Monsieur, répondit tranquillement celui-ci, en accablant l'étourneau d'un regard froid qui le couvrit de confusion, cette tête de jésuite est celle de mon frère, le comte de Montalembert, pair de France.

Notre héros accepta les événements en Février.

Peu lui importait que la République succédât à la Monarchie. Les droits et les devoirs des catholiques subsistaient toujours les mêmes.

Envoyé à la Constituante par le département du Doubs, puis à l'Assemblée législative par les mêmes électeurs et par ceux des Côtes-du-Nord, il devint l'un des chefs les plus autorisés du parti de l'ordre et l'un des plus enclins aux mesures répressives. En présence des luttes révolutionnaires, des journées sanglantes et des déceptions cruelles, il sentit la crainte envahir son âme, et le spectacle de l'anarchie sembla faire chanceler sa foi dans la liberté.

Ceux qui ont cru voir une contradiction de caractère dans l'effet produit par un moment d'angoisse, ne savent juger ni les circonstances ni les hommes.

M. de Montalembert ne mit pas en poche son drapeau. Seulement il ne voulut pas le déployer pour qu'il flottât au souffle impur de la démagogie.

Quand les hommes sont ivres, on ne leur donne plus de vin.

La liberté n'est faite que pour les sages. On la retire aux fous.

Dans ce tohu-bohū sans nom de toutes les idées, de tous les intérêts et de tous les pouvoirs, il fut bien obligé d'accepter les transactions et les demi-mesures. Un jour, il était d'accord avec M. Dupin ; le jour suivant, il s'entendait avec M. Thiers.

Lorsqu'il s'agit de construire une digue, qu'importent les matériaux ?

Il fit un rapport à l'appui du projet de loi tendant à rendre obligatoire la célébration du dimanche et des jours fériés, projet inopportun qui ne résolvait rien, surtout à une époque d'effervescence irréligieuse.

Chez nous, d'ailleurs, comment célèbret-on le dimanche? Pour l'immense majorité ce n'est qu'un jour de dissipation.

A Paris, l'homme d'affaires, le commerçant, l'industriel vont, dès le matin, à la campagne chercher de l'appétit et se goberger un peu plus amplement qu'à la ville. Quant aux ouvriers, ils courent à la barrière boire du vin frelaté.

En province, la pratique du repos hebdomadaire s'entend à peu près de la même façon : le bourgeois traite ou dîne en ville ; l'artisan et le campagnard passent leur journée à la guinguette.

Il faudrait ou donner la foi aux populations, ce que le législateur ne peut pas faire, ou contraindre chaque individu à prendre le chemin du temple et à prier de par la loi, ce qui est impraticacle.

Du reste, jamais l'éloquence de M. de Montalembert ne fut plus vive, plus puissante, plus hautaine que dans ces discussions orageuses, où les clameurs et les interruptions accueillaient chacune de ses paroles, au milieu d'un désordre presque sauvage.

On a surtout gardé le souvenir de deux de ses harangues, celle du 12 janvier 1849 et celle du 19 octobre de la même année.

Dans le premier discours, qui avait trait à la proposition Rateau, Montalembert, dorant le sarcasme de paroles respectueuses et tout à fait parlementaires, con-

viait l'Assemblée à se dissoudre d'elle-
même.

La seconde harangue, prononcée au su-
jet des affaires de Rome, est universelle-
ment regardée comme un des chefs-
d'œuvre les plus brillants de l'art oratoire.

On lisait, le lendemain, dans la *Voix
du Peuple*, organe de M. Proudhon :

« D'où vient cette profondeur dans le
vrai, cette forme saisissante dans le lan-
gage, ce bonheur parfois inouï de l'expression? de ce que, seul, M. de Montalembert
s'est placé au point réel de la question. »

Sévère pour Victor Hugo, qui s'égarait
au milieu de la horde démagogique, et à
qui il montra Rome comme le lieu où il

se consolerait un jour de toutes ses déceptions, l'orateur eut des larmes pour la perte
de la liberté et des accents d'un filial et sublime respect pour défendre la chaire de
Saint-Pierre.

— Savez-vous, disait-il aux montagnards,
savez-vous quel est le plus grand de tous
vos crimes? Ce n'est pas seulement le sang
innocent que vous avez répandu, quoiqu'il
crie vengeance au ciel contre vous; ce
n'est pas seulement d'avoir versé à pleines
mains la ruine dans l'Europe entière, quoi-
que ce soit le plus formidable argument
contre vos doctrines. Non! C'est d'avoir
désenchanté le monde de la liberté; c'est
d'avoir ou compromis, ou ébranlé dans tous
les cœurs honnêtes cette noble croyance;

c'est d'avoir refoulé vers sa source le tor-
rent des destinées humaines.

« Vous niez la force morale, vous niez
la foi, vous niez l'empire de l'autorité
pontificale sur les âmes, cet empire qui a
eu raison des plus forts empereurs, eh
bien, soit!

« Mais il y a une chose que vous ne
pouvez pas nier, c'est la faiblesse du Saint-
Siége.

« Sachez-le, cette faiblesse même fait sa
force insurmontable. Quand un homme
est condamné à battre une femme, si cette
femme n'est pas la dernière des créatures,
elle peut le braver impunément; elle lui
dit : Frappez! mais vous vous déshonorez
et vous ne vaincrez pas! Eh bien, l'Église

n'est pas une femme, c'est bien plus, c'est une mère, la mère de l'Europe, la mère de la société moderne! On a beau être un fils dénaturé, un fils ingrat, on reste toujours fils, et il arrive un moment où cette lutte parricide devient insupportable au genre humain. Celui qui l'engage tombe accablé, anéanti, soit par sa défaite, soit par la réprobation unanime de l'humanité!

Pie IX envoya une lettre de remercîment touchante à l'orateur.

Quelques mois après, pendant les vacances de l'Assemblée, M. de Montalembert fit un voyage à Rome et rapporta un morceau de la vraie croix, qu'il offrit au chapitre de la cathédrale.

Depuis le vol du reliquaire de Saint-

Denis, sous la Révolution, la France ne possédait plus un seul fragment de la sainte relique.

Nous sera-t-il permis de reproduire, puisque l'occasion s'en présente, une curieuse version que nous avons recueillie sur les destinées postérieures des objets enlevés, à cette époque, dans la vieille église?

En 1827, Harel, directeur de la Porte-Saint-Martin, est abordé dans la rue par un ancien comparse de sa troupe, qui lui dit, en proie à un trouble qu'il ne cherche pas à dissimuler :

— Voici quelque chose que j'ai pris autrefois à Saint-Denis. Qu'est-ce? Je crains de le deviner, et cela me brûle les mains.

Prenez-le, je vous en supplie. A tout autre que moi cela portera bonheur.

Et le vieux comparse disparut.

Dans le lambeau de soie rouge qui enveloppait l'objet mystérieux, Harel trouva un fragment de bois de cèdre, rongé de vétusté, et un parchemin vermoulu qui n'était rien autre que la propre lettre écrite en 325, par sainte Hélène à son fils Constantin le Grand.

L'impératrice y donnait les détails les plus circonstanciés sur les fouilles opérées à l'endroit où s'était accompli le mystère de la Rédemption, et sur la découverte du précieux fragment qu'elle envoyait à son fils.

C'était bien le même morceau de bois

dont Sauval fait la description dans le *Trésor de l'Abbaye de Saint-Denys*.

Plus de doute, le directeur possède la sainte relique.

Aussitôt il court chez l'archevêque.

— Qui annoncerai-je à monseigneur? demande l'huissier.

— Annoncez le directeur du théâtre de la Porte-Saint-Martin, qui veut lui offrir un morceau de la vraie croix.

Une pareille relique au pouvoir d'un comédien!

M. de Quélen n'y crut point et refusa l'audience. Même accueil chez le grand-aumônier, M. de Croy, et chez le ministre des cultes, M. de Frayssinous.

Harel indigné reprit le chemin de son théâtre, où il arriva un peu avant le lever du rideau.

Tous les artistes se trouvaient réunis.

Il raconte son aventure au milieu du plus profond silence, et bientôt, à l'aspect de l'objet vénérable, oubliant leurs oripeaux, leurs rôles et le public, les hommes s'inclinent, les femmes s'agenouillent et demandent à toucher de leurs lèvres le bois sacré.

Dans l'élan de sa ferveur, l'une d'elles offre une année de ses appointements en échange du précieux trésor.

— Eh bien ! s'écrie le directeur, chacun de vous en aura sa part !

C'est ainsi que la sainte relique refusée et méconnue par les grands dignitaires du clergé, fut divisée entre vingt ou trente comédiens, qui en reçurent les fragments avec les démonstrations de la piété la plus vive[1].

Après le 2 décembre 1851, M. de Montalembert est nommé membre de la Commission consultative. Les électeurs l'envoient ensuite au Palais Bourbon.

L'ordre est rétabli en France. Il croit le temps venu de faire entendre de nouveau le nom de liberté.

Au mois de mars 1854, il écrit à M. Du-

---

1. Ce fait a été raconté, dans l'*Illustration*, par M. Philippe Busoni.

pin, l'illustre caméléon, une lettre telle-
ment verte, que le procureur général demande au Corps Législatif l'autorisation
de poursuivre M. de Montalembert.

Le comte se défendit par des aveux
catégoriques, et nous avouons notre in-
compétence sur ces délicates matières.
Après une longue discussion, les poursuites furent autorisées.

Belmontet, le poëte impérialiste, donna
un vote négatif.

M. Berryer devait présenter la défense
du célèbre ennemi de M. Dupin; mais le
procès n'eut pas d'autres suites, et l'on fut
sage de s'en tenir là, car les renommées
intactes grandissent dans la persécution.
Le parquet n'a jamais écrasé le mérite ni

étouffé les voix intrépides qui osent pro-
clamer des vérités utiles.

Élu membre de l'Académie, le comte
de Montalembert fut installé, le 3 février
1853, dans le fauteuil vacant de M. Droz.

— La Révolution française fit les frais de
son discours et de celui de M. Guizot,
chargé de lui répondre.

Dans ces derniers temps, le noble comte
a publié plusieurs ouvrages, entre autres
le livre intitulé : *Des intérêts catholiques
au XIX*^e *siècle*, avec cette épigraphe em-
pruntée à Tacite : *Liceat inter abruptam
contumaciam et deforme obsequium per-
gere iter periculis vacuum.*

C'est une éloquente protestation contre l'abaissement des esprits et contre les diatribes insensées et pleines de périls pour l'Église, imprimées par M. Louis Veuillot.

Depuis longtemps déjà, Montalembert s'occupait d'une *Histoire de saint Bernard*, dont une curieuse étude, publiée en 1844, nous a donné un avant-goût. Le cadre de ce premier travail s'agrandit, et maintenant il nous promet une histoire complète des moines d'Occident.

Un chapitre détaché de cette œuvre, *l'Esprit romain après la paix de l'Église*, a paru dans la *Revue des Deux-Mondes* du 1er janvier 1855.

Enfin un dernier écrit, dont le retentissement fut immense : *De l'Avenir politi-*

que de l'*Angleterre*, nous montre M. de Montalembert préoccupé de douloureuses pensées ; mais nous y lisons ces paroles qui résument toute son existence de politique et de chrétien :

« Au milieu des découragements, des hésitations et des apostasies qui nous assiégent, que notre voix et notre vie restent d'accord avec notre passé.

« *Manet immota fides !* »

FIN.

Paris. — Typ. GAITTET et C., rue Git-le-Cœur, 7.

Monsieur

M. Emile aîné, architecte,
m'a proposé pour l'hôtel de
notre chapelle un plan différent
de celui de M. Langlois — Je vous
en envoie le dessin, et vous
prie de me faire savoir par
la Messagère si l'exécution du
plan de M. aîné coutera plus
cher que celui de M. Langlois et
Ambien — Veuillez me renvoyer les
deux plans par la Messagère ... et
vous renverrai sur le champ celui qui
liquel je me serai décidé, après avoir
connaissance de vos prix

J'ai l'honneur d'être votre
très humble serviteur

Ph. de Mérital...